IRIS RÖLL

50 DINGE, FÜR DIE IHR KIND IHNEN EINMAL DANKBAR SEIN WIRD

KÖSEL

Verlagsgruppe Random House FSC® N001967
Das für dieses Buch verwendete FSC®-zertifizierte Papier
Amber Graphic liefert Arctic Papers Munkedals, Schweden.

Der Verlag dankt Claudia Jacobs für die Buch- und Titelidee.
Der Abdruck einiger Passagen dieses Buches erfolgt mit
freundlicher Genehmigung des Magazins SCHULE.

Copyright © 2014 Kösel-Verlag, München,
in der Verlagsgruppe Random House GmbH
Umschlag: fuchs_design, Sabine Fuchs, München
Druck und Bindung: Těšínská tiskárna, Český Těšin
Typografie und Herstellung: René Fink
Printed in Czech Republic
ISBN 978-3-466-31024-1

Weitere Informationen zu diesem Buch und unserem
gesamten lieferbaren Programm finden Sie unter
www.koesel.de

Für Nelly und Vinzenz,

die mir hoffentlich

für das eine oder andere

dankbar sein werden

Von den Kindern

Eure Kinder sind nicht eure Kinder.

Sie sind die Söhne und Töchter der Sehnsucht des
Lebens nach sich selber.

Sie kommen durch euch, aber nicht von euch,

Und obwohl sie mit euch sind, gehören sie euch
doch nicht.

Ihr dürft ihnen eure Liebe geben, aber nicht eure
Gedanken,

Denn sie haben ihre eigenen Gedanken.

Ihr dürft ihren Körpern ein Haus geben, aber nicht
ihren Seelen,

Denn ihre Seelen wohnen im Haus von morgen,
das ihr nicht besuchen könnt, nicht einmal in
euren Träumen.

Ihr dürft euch bemühen, wie sie zu sein, aber
versucht nicht, sie euch ähnlich zu machen.
Denn das Leben läuft nicht rückwärts, noch
verweilt es im Gestern.
Ihr seid die Bogen, von denen eure Kinder als
lebende Pfeile ausgeschickt werden.
Der Schütze sieht das Ziel auf dem Pfad der
Unendlichkeit,
und Er spannt euch mit Seiner Macht, damit seine
Pfeile schnell und weit fliegen.
Lasst euren Bogen von der Hand des Schützen auf
Freude gerichtet sein;
Denn so wie Er den Pfeil liebt, der fliegt, so liebt er
auch den Bogen, der fest ist.

Khalil Gibran (1883–1931)

INHALT

Was
KINDER
GLÜCKLICH
macht

Kommt ein Kind auf die Welt, wird zugleich auch ein Elternpaar geboren: Mutter und Vater sind wir dann, bleiben es ein Leben lang, auch wenn uns der Nachwuchs schon lange überragt, wenn der Sohn oder die Tochter vielleicht schon selbst Kinder hat, die uns dann plötzlich Oma oder Opa nennen. Spätestens dann wird es offensichtlich sein: Wir haben ein Kind großgezogen!

Aber wie kriegen wir das hin? Wie werden aus zwei Erzeugern gute Eltern? »Unterhaltspflicht« und »Sorgerecht« haben die »Erziehungsberechtigten« laut Gesetz – und das deutet schon mal etwas beunruhigend an, worum es knapp 20 Jahre lang geht: das Kind bespaßen, sich Sorgen machen und gleichzeitig ein paar Leitplanken am Lebensweg von Sohn oder Tochter aufstellen.

Am Anfang aber ist das noch so weit weg, völlig unvorstellbar. Wir fahren mit einem winzigen Bündel Mensch in der Babyschale vom Krankenhaus nach

Hause und denken erst mal nur bis zur nächsten Mahlzeit, dem nächsten Nickerchen, der nächsten Windel. Bloß nichts falsch machen! Vom besonders »Richtigmachen« redet da noch gar keiner. Aber manchmal, in einer der wenigen ruhigen Minuten, schaut uns dieser kleine Mensch ganz unverwandt in die Augen mit einer Mischung aus Neugier und Vertrauen: »Ich bin gespannt auf die Welt, die du mir zeigst« und »Du machst das schon« scheint dieser Blick zu sagen. Und für einen Moment spürt man diese riesengroße Verantwortung auf den Schultern lasten. Denn was wollen wir nicht alles für dieses Kind – nur das Allerbeste natürlich. Was haben wir uns nicht alles vorgenommen: Manche Dinge genauso zu machen wie unsere Eltern, manche ganz anders. Dem Kind das Fahrradreparieren beizubringen oder das Häkeln, mit ihm vor dem Campingzelt am Lagerfeuer Marshmallows grillen, Fußball-Sammelbildchen ertauschen und ins Album kleben oder abends im Bett bei der täglichen Gutenachtgeschichte kuscheln. Nie einer Frage ausweichen und jedem gekickten Ball hinterherhechten. Ihm die Welt erklären, so wie wir sie sehen und vielleicht auch, wie manche andere Leute sie sehen. Verständnisvoll den ersten Liebeskummer betrauern und gemeinsam ein Rockkonzert unserer alten Idole besuchen.

Kurz: Wir wollen einen ganz wundervollen, guten und glücklichen Menschen aus diesem Baby machen. Und das auf Anhieb! Denn einen zweiten Versuch, als Erziehungsberechtigter zu brillieren, werden wir (zumindest beim selben Kind) nicht bekommen.

Die schlechte Nachricht: Wir werden niemals das alles schaffen, was wir uns vorgenommen haben. Und das schlechte Gewissen darüber wird uns Jahrzehnte begleiten. Normalerweise wurschteln sich Familien durch den Alltag – die einen mehr organisiert als die anderen, aber alle ständig begleitet von dem Gefühl, dass die Zeit nie ausreicht, dass man einen zusätzlichen Tag in der Woche bräuchte, um endlich mal lange genug neben der spannenden Baustelle stehen zu bleiben oder die zu klein gewordenen Kinderkleider auszusortieren. Irgendetwas kommt immer zu kurz, zumindest fühlt es sich permanent so an.

Die gute Nachricht: Das macht nichts. Kindheit ist – heutzutage und hierzulande – in den meisten Fällen schon an und für sich ein ziemlich paradiesischer Zustand: Es geht immerzu bergauf, man lernt ständig Neues, wird größer, stärker und schlauer, hat abgesehen von Schule wenig Verpflichtungen und kann über seine freie Zeit weitgehend selbst verfügen. Die Diskussion, ob wir unsere Kinder heute im Förderwahn viel zu sehr verplanen und sie dadurch kaum mehr Freizeit haben, lassen wir jetzt mal beiseite. Im Hintergrund kümmert sich jedenfalls freundliches Personal um die Notwendigkeiten des alltäglichen Lebens und steht im Zweifelsfall mit Rat und Tat zur Seite. Was will man mehr? Kein Wunder, dass sich in Studien mehr als 80 Prozent der deutschen Kinder als glücklich bezeichnen. Unter objektiven Kriterien betrachtet, sehen vielleicht nicht alle diese Kindheiten so rosig aus, aber die Hauptpersonen selbst empfinden es so. Und das ist das Entscheidende. Denn wir wollen ja unser Kind glücklich machen und nicht irgendeinen abstrakten Juror, der über unsere Erziehungsleistung urteilt. Kinder sind unglaublich anpassungsfähige Lebenskünstler. Sie fühlen sich auch mit Eltern wohl, die nicht jeden Mittag ein warmes Essen auf den Tisch stellen, die keine Volkslieder singen können oder wollen, die keine Begeisterung fürs Puppenspielen aufbringen oder die das Schwimmenlernen lieber an einen Fachmann delegieren. Entscheidend ist – so sagen es Entwicklungspsychologen übereinstimmend – dass das Kind sich geliebt fühlt und seine Grundbedürfnisse nach Nahrung, Heim und Bildung gestillt werden. Soweit die Pflicht.

Übrigens ist die Kindheit gleichzeitig immer auch eine Elternzeit. Das heißt, diese Lebensphase muss nicht nur auf die Bedürfnisse des Kindes zugeschnitten sein, sondern auch auf die der dazugehörigen Eltern. Wenn Sie also einen kleinen Naturforscher zu Hause haben, aber absolut nichts daran finden können, im Matsch kniend nach Regenwürmern zu buddeln, müssen Sie das auch nicht tun. Sie werden ganz bestimmt einen Kompromiss finden (Gummihandschuhe? Ein Terrarium? Einen Onkel mit ähnlichen Vorlieben?), der Sie beide glücklich macht. Allein schon, dass Sie dieses Bedürfnis Ihres Kindes wahrnehmen und eine Lösung suchen, ist Gold wert.

Aber jetzt zur Kür. Wir sollen einem Kind Wurzeln geben, wenn es klein ist, und Flügel, wenn es größer wird, heißt es. Ein wenig von den Wurzeln wird hoffentlich bei uns bleiben, wenn es Zeit ist, das Kind loszulassen. Das sind unsere Erinnerungen an die Kinderzeit, die uns niemand mehr nehmen kann: das Gefühl von einer kleinen Hand, die sich in unsere schiebt etwa, dieser besondere Duft von Babyhaut, der dankbare Blick, wenn man zur richtigen Zeit da war, und viele andere große und kleine gemeinsame Erlebnisse. Aber auch der flügge gewordene Nachwuchs soll etwas mitnehmen in sein weiteres Leben. Nachhaltigkeit ist heute ein so inflationäres Wort geworden, aber ja: Erziehung ist im besten Fall nachhaltig. Kindheitserinnerungen sind ein unsichtbarer Schatz, aus dem man sein ganzes Leben lang schöpfen kann.

»Dafür wirst du mir nochmal dankbar sein!« – was für ein schlimmer Satz! Irgendwie kennt den noch jeder aus der eigenen Kindheit: von erregten Eltern hinterhergerufen etwa, wenn wir Türen knallend im Zimmer verschwanden, weil wir nicht auf *diese* Party am Baggersee durften. Gestimmt hat er sowieso nie. Aber wofür sind wir unseren Eltern eigentlich dankbar? Für die guten Manieren oder das warme Mittagessen? Den Hausarrest zur rechten Zeit oder die Campingausflüge? Das habe ich in den vergangenen Monaten viele Menschen in meinem Umfeld gefragt und die Antworten waren ebenso unterschiedlich wie die Kindheiten, die diese Personen erlebt haben. Oft waren es nur ganz kleine Begebenheiten – ein Über-den-Kopf-Streicheln in einem entscheidenden Moment, ein Satz, eine Lebensweisheit – oder so ein geerdetes Gefühl von »Meine Eltern waren immer für mich da«.

Dieses Buch kann und will also kein Erziehungsberater sein – auf keinen Fall! Eher ein Anreger zum Innehalten im Alltags-Wahnsinn einer Familie, zur Konzentration auf das, was wirklich wichtig ist.

Ihre Kinder werden Ihnen dafür dankbar sein.

50 DINGE,
FÜR
DIE
IHR
KIND
IHNEN
EINMAL
DANKBAR
SEIN
WIRD

Jeden Sonntag ALMAUFTRIEB

»Ich habe es so gehasst. Bis ich 14, 15 Jahre alt war: jedes Wochenende auf die Schwäbische Alb – furchtbar! Als ich klein war, hieß es immer: Wenn wir oben sind am Gipfel, gibt's ein Eis! Von wegen, da gab es höchstens eine tolle Aussicht, aber die war mir als Kind völlig egal. Endlich selbstbestimmt, habe ich als junge Erwachsene mindestens zehn Jahre Wanderpause eingelegt, dann erst konnte ich meinen Eltern diese Quälerei verzeihen. Heute bin ich ihnen für diese Naturerfahrung so dankbar! Ich bin sehr gern an der frischen Luft, wenig wetterempfindlich. Und wenn ich mit meinen Eltern Urlaub mache, wie zuletzt auf Mallorca, bin ich heute die Antreibende beim Wandern – aber da müssen sie jetzt durch!«

Elisabeth, 32

2

SPORT muss sein

Vier von zehn deutschen Erwachsenen sind Sport-muffel. Das ist nicht gesund, klar. Auch beim Schweinehund-Überwinden zählen Gewohnheiten aus der Jugend: Fast 90 Prozent der Erwachsenen, die in ihrer Kindheit keinen Sport getrieben haben, tun es auch jetzt nicht. Umgekehrt finden zwei Drittel der jugendlichen Sportler auch später noch Spaß an der Bewegung. Also: Sport muss sein, aber das Kind entscheidet, welcher. Mittlerweile gibt es von Klettern über Pilates bis zu Slacklining wirklich so viele Möglichkeiten, dass das Argument »Kein Talent« nicht mehr zählt. Ach ja: Ein bisschen Vor-bild sollten Sie schon sein, aber dafür wird Ihnen dann nicht nur Ihr Kind dankbar sein.

STREITEN
lassen

»Geschwisterstreit nervt Eltern, natürlich! Aber der lange Geduldsfaden lohnt sich, denn die Geschwisterbeziehung ist eine Art Spielwiese für jegliche soziale Interaktion. Besonders gut lernt man das Streiten, das Sich-Vertragen, das Finden von Kompromissen, denn Brüdern oder Schwestern kann man nicht kündigen, man kann ihnen auch nur in Maßen ausweichen. Sie sind einfach da. Das hilft später viel in unserer Ellbogengesellschaft. Einschreiten sollten Eltern nur, wenn einer wesentlich stärker ist und auf Dauer Macht über den anderen ausübt – körperlich oder geistig.«

Hartmut Kasten, Geschwisterforscher

4 VORBILD sein

Das hört sich furchtbar anstrengend an, denn wer
will schon als Blaupause für den guten Menschen
durchs Leben wandeln? Blödsinn, müssen Sie
nicht! Natürlich geben Sie mit Ihrer Wahl von
Flüchen und Schimpfwörtern das Familien-Level
vor, aber dieser Maßstab liegt in jedem Haus auf
einer etwas anderen Höhe. Und das ist völlig in
Ordnung. Anstand, Haltung und eine gesunde
Lebensführung lernt man nicht durch Vorträge
seiner Erziehungsberechtigten, sondern durch die
vielen kleinen Alltagsdinge, die Mama und Papa
vorleben: nicht wahllos durchs TV-Programm
zappen, im Bus aufstehen für Ältere, einschreiten,
wenn jemand beleidigt wird, souverän im Spiel
verlieren, Müll trennen, Obst und Gemüse essen,
nicht jeden kleinen Weg mit dem Auto fahren ...
Tun Sie sowieso, zumindest einiges meistens?
Na dann: Herzlichen Glückwunsch! Sie dürfen sich
dabei unglaublich pädagogisch fühlen.

Nichtstun **verboten**

»Zwischen Zivildienst und Studium hatte ich mehrere Monate Leerlauf. Jeden Tag ausschlafen, abends lange weggehen – super, dachte ich. Mein Vater sah das ganz anders und trug mir auf, einen Carport mit Geräteschuppen und Sauna zu bauen – jeden Morgen ab 9 Uhr. Das war schon ein ordentliches Projekt, jenseits aller Vogelhäuschen-Bastelei, aber in dem Auftrag lag natürlich auch die Botschaft: Ich traue dir das zu, das schaffst du! Zwei Monate lang schuftete ich, lernte dabei eine Menge handwerkliches Know-how und bin heute noch stolz auf das Bauwerk – jedes Mal, wenn ich meine Eltern besuche. Ja genau, es steht nämlich noch! Mein Vater wusste schon, wen er da beauftragt.«

Kai, 36

Viel
LOBEN – aber
RICHTIG!

»Das hast du wirklich toll gemacht!« – das geht uns Eltern doch
hundertmal täglich über die Lippen. Irgendwas falsch daran?

Beate Schuster: Nein, grundsätzlich ist Loben wichtig.
Nur eine kleine Nuance: Lieber in Ich-Botschaften
loben, also: »Ich finde, das hast du wirklich gut
gemacht!« Damit stellen Sie sich nicht so über das
Kind und die ganze Welt – als hätten Sie die Weisheit
mit Löffeln gefressen. Und noch etwas: Loben Sie
möglichst konkret.

Ein Beispiel?

Statt »Eine Eins im Aufsatz, das ist ja toll!« lieber die
Arbeit zusammen mit dem Kind noch mal anschauen
und das Lob an konkreten Punkten festmachen:
»Diese Formulierung finde ich wirklich originell,
auf dieser Seite hier hast du überhaupt keinen Recht-
schreibfehler und dein Schluss gefällt mir wirklich
gut!« Somit bleibt das Lob ganz auf die Leistung
bezogen, wo es ja hingehört, und nicht bei der Person.

Aber wir finden unsere Kinder doch als Persönlichkeiten großartig. Sollen wir das nicht auch so sagen?

Doch, natürlich. Unsere ganze Erziehung soll dem Kind zeigen, dass wir es lieben, egal, welche Leistungen es erbringt. Und das ist genau der Punkt, die schwierige Gratwanderung beim Loben: »Das, was du gemacht hast, finde ich gut« – das darf ruhig begeistert, muss aber auch realistisch sein. »Ganz unabhängig davon bist du ein toller Mensch!« – das muss immer im Hintergrund mitschwingen.

Wie kann ich mein Kind denn selbstsicher und unabhängig vom Lob anderer machen?

Helfen Sie ihm immer wieder dabei, seinen eigenen Bewertungsmaßstab zu finden. Ich sage meinen Kindern immer: Noten sind nur Ziffern! Findest du deine Arbeit selbst gut? Bist du mit deiner Leistung zufrieden? Dann freue dich darüber! Wenn auch noch eine gute Note draufsteht, ist das ein angenehmer Bonus, mehr nicht.

Beate Schuster ist Professorin für Pädagogische Psychologie an der Ludwig-Maximilians-Universität München und Mutter von zwei Töchtern

Huckepack-**SPAREN**

Schließen Sie einen Sparplan bis zum 18. Geburtstag Ihres Kindes ab und vereinbaren Sie: Für jeden Euro, den Ihr Sohn oder Ihre Tochter einzahlt, legen Sie drei drauf. Die Einzahlungen sind flexibel, je nachdem, ob gerade gar nichts übrig ist oder zu größeren Festen ebensolche Geldbeträge empfangen wurden. Aber die eiserne Regel lautet: Was drin ist, bleibt drin! Bei zum Beispiel 200 Euro jährlicher Einzahlung werden das vom zehnten Geburtstag bis zur Volljährigkeit bei rund 1,5 Prozent Zinsen gut 1700 Euro! Gut für den Führerschein, die große Reise, die erste eigene Wohnung ...

Das Sparbuch – der Klassiker

Es ist gar nicht so einfach, noch eine Bank zu finden, die klassische Sparbücher anbietet – die Sparkassen und Volksbanken tun es in der Regel noch, auch die Postbank. Nein, nicht so eine Plastikkarte für den Automaten, zu der der Drucker gelegentlich Konto-auszüge ausspuckt, sondern so ein richtiges Büchlein. Zu Hause ordentlich aufgehoben und jederzeit bereit, schwarz auf weiß die Vermögensverhältnisse des Kindes aufzuzeigen. Natürlich sind 0,5 Prozent Zinsen eine Unverschämtheit, die Öffnungszeiten der Banken ebenso, aber im Unterschied zum Huckepack-Sparen geht es hier gar nicht ums Ergebnis, sondern ums Prinzip: Im Tresor der Bank ist das eigene Geld sicherer als zu Hause im Sparschwein (auch vor kindlichen Lustkäufen) – das verstehen schon Kindergartenkinder. Ab dem Schulalter sehen sie dann, dass zumindest ein winziges bisschen an Zinsen dazukommt – durch Nichtstun. Was für ein Glücksgefühl!

Kluge

Man kann jeden Euro nur einmal ausgeben – das ist wohl die schmerzlichste Erfahrung, die Kinder mit Geld machen müssen. Im Star Wars Sammelpäckchen an der Schreibwarentheke könnte das begehrte Yoda-Bildchen stecken, eine Gummischnur würde den Gaumen sofort süßsauer kitzeln, für den großen Playmobil-Flughafen fehlen noch 57,32 Euro und der arme Bettler an der Ecke würde sich über 50 Cent bestimmt freuen. Was für ein Dilemma! Wir Eltern können da auch nicht heraushelfen, wir können nur beraten.

Anschaulicher ist da die Aufteilung des Taschengeldes auf vier Portionen. Das funktioniert mit transparenten, unterteilten Sparschweinchen,

AUFTEILUNG

die es zum Beispiel unter www.kinder-cash.com/
de/shop.html zu bestellen gibt, aber natürlich auch
preiswerter mit vier Marmeladengläsern auf dem
Fensterbrett, die beschriftet werden. Zum Beispiel
mit »Für jetzt«, »Sparen«, »Für viel später« und
»Die gute Tat«. Die Sparbüchse »Für viel später«
kann natürlich anfangs wegfallen oder das entspre-
chende Geld gleich aufs Sparbuch wandern (Punkt
7 oder 8). Wichtig ist jedenfalls die Transparenz der
Behältnisse, damit das Kind immer im Blick hat,
wo wie viele Vorräte lagern. Natürlich dürfen die
auch zwischen den einzelnen Prioritäten hin und
her wandern. Das ist nämlich Kinder- und nicht
Elternsache!

Komm
unter
meine
DECKE

■ ■ ■

»Als wir 14 Jahre alt waren, lag das Gläserrücken als vermeintliche Geisterbeschwörung gerade voll im Trend. Alle Mädels erzählten davon in der Schule, irgendwann habe ich es mit drei Freundinnen auch ausprobiert. Was soll ich sagen? Es hat funktioniert. Das Glas wanderte, und ich wusste überhaupt nicht, wie ich mit diesem unerklärlichen Phänomen umgehen sollte. Hätte es damals schon Internet und Wikipedia gegeben – vielleicht hätte sich diese Unruhe in mir schnell wieder gelegt. So aber steigerte sie sich Stunde um Stunde zu echter Panik bis zur Schlafenszeit. Was waren das für Geister, die über alle möglichen Details unseres Lebens Bescheid wussten? Waren die ständig um uns herum? Was würde heute Nacht passieren?

Meine Eltern versuchten meine Angst erst mit spöttischen Bemerkungen und rationalen Ermahnungen niederzureden. Als sie aber merkten, dass das schon nicht mehr fruchtete, räumten sie einen Platz in ihrem Bett frei. Da lag ich dann mit 14 Jahren zwischen meinen Eltern, weil ich Angst vor bösen Geistern hatte – zumindest für eine Nacht, dann war es wieder besser. Es war eben ein Notfall, da hilft kein Reden mehr, da gibt es keine Altersgrenze, da muss man einfach zusammenrücken. Mit meinen beiden Kindern halte ich es heute genauso: Normalerweise ist unser Bett für den Nachwuchs tabu, aber im Notfall finden sie darin immer Platz.«

Daniela, 44

MANIEREN
beibringen

Was Hänschen gelernt hat, fällt Hans später leicht. Denn dann ist es Gewohnheit geworden, bei der Begrüßung aufzustehen oder nicht mit vollem Mund zu sprechen. 98 Prozent der Deutschen halten gutes Benehmen für wichtig oder sogar sehr wichtig, und selbst von den unter 30-Jährigen glauben drei Viertel, dass ihnen die Manieren im Beruf helfen.

Sie durchleiden gerade noch die verbale Pipi-Kaka-Pups-Phase? Dann sind gute Argumente erstens noch unwirksam und zweitens gar nicht nötig. Bei uns zu Hause wird nicht geschmatzt beim Essen, basta! Ihr Kind wird sich später sicherer in

Gesellschaft bewegen, auch wenn Sie ihm jetzt zigmal die Ellbogen vom Tisch herunterschieben müssen. Aber steter Tropfen höhlt den Stein – im Grundschulalter wird Sohn oder Tochter besonders abschreckende Zeitgenossen im Restaurant sehr genau identifizieren können (hoffentlich lautlos). Selbst wenn während der Pubertät lautstarke Rülpser und Füße auf erstaunlichsten Möbelstücken wieder zur kleinen Eltern-Provokation werden: Reaktion unnötig, denn keine Sorge: Spätestens, wenn Ihr Kind die Haustür hinter sich schließt, weiß es, wie man sich benimmt.

SOUVENIRS retten

Das Freundebuch aus der Grundschule mit dem rosa Hello-Kitty-Einband, der Wunschzettel zu Weihnachten, der gehäkelte Igel aus der 3. Klasse ... für größere Kinder nur noch peinlich! Da gibt's nur eins: wegräumen, in einer großen Pappschachtel aufheben – und sich auf glückliche Gesichter in 15 Jahren freuen.

12

Mit **AKNE** zum Arzt

»Da muss man eben durch. Da hilft nichts dagegen.«
Solche Sprüche über Pickel kennen wir noch aus unserer Jugend. »Stimmt alles nicht!«, klärt Anja Thielitz, Hautärztin am Berufsgenossenschaftlichen Unfallkrankenhaus Hamburg, auf. Sie forscht an neuen Therapien gegen das Pubertätsleiden und macht Mut: »Kein Jugendlicher muss heute mehr wie ein Streuselkuchen herumlaufen. Akne ist behandelbar.« Vereinbaren Sie also einen Termin beim Arzt, wenn das Kind sich mit seinem Gesicht nicht mehr wohlfühlt – lieber zu früh als zu spät, denn: »Auch leichtere Formen können zu Narben führen«, so Anja Thielitz.

FRÜHER IST NICHT BESSER

Beim Sport heißt es ja immer: Kinder lernen Bewegungsmuster viel leichter als Erwachsene. Warum ist das so?

Heinz Krombholz: Sie haben einfach weniger Angst. Ein Erwachsener, der nicht schwimmen kann, hat vielleicht schon große psychische Blockaden vor dem Wasser aufgebaut. Außerdem haben Kinder – beim Skifahren etwa – rein körperlich günstigere Hebelverhältnisse und sie fallen nicht so tief.

Dann also möglichst früh anfangen?

Nein, das liegt zwar derzeit im Trend mit Windel-Skikursen oder Vor-Schwimmkursen für Dreijährige. Das halte ich aber für wenig sinnvoll. Ein Kind muss sich erst mal im Alltag sicher bewegen können. Wenn es dann selbst den Wunsch äußert, eine Sportart zu erlernen, sollen die Eltern das unterstützen. Aber es gibt keinerlei wissenschaftliche Untersuchungen, dass ein Mensch später besser eisläuft, wenn er das mit fünf anstatt mit neun Jahren gelernt hat. Außer natürlich, Sie wollen einen Olympiasieger heranziehen ...

Kann es auch zu früh sein?

Aber sicher. Dann frustrieren Sie das Kind. Es gibt leider keine genauen Richtlinien, in welchem Alter Kinder besonders effektiv bestimmte Fertigkeiten erlernen können – dafür sind sie einfach zu unterschiedlich. Eltern kennen ihren Nachwuchs selbst am besten. Wenn der Sohn oder die Tochter zum Beispiel schon sehr sicher Roller oder Laufrad fährt, dann ist das Kind vermutlich reif für das Fahrrad – was nicht heißt: reif für den Straßenverkehr!

Eltern müssen auch immer überlegen, wie viel Zeit und Aufwand sie investieren wollen. Wer sich wochenlang für viele Stunden ins Schwimmbad stellt, kann meist auch einem Vierjährigen das Schwimmen beibringen, aber mit einem 08/15-Kurs wird das nicht funktionieren. Ich fand es übrigens ein sehr schönes Erlebnis, meinen beiden Kindern selbst das Schwimmen beizubringen, nachdem sie es in einem Kurs nicht gelernt hatten. Das kann man sich als Vater oder Mutter ruhig zutrauen.

Heinz Krombholz ist Psychologe und Sportwissenschaftler am Staatsinstitut für Frühpädagogik (IFP) München und Vater von zwei erwachsenen Kindern

MEDIEN
dosieren

»Computerspielen macht dick, dumm, faul und krank« oder »Mit neuen Medien funktioniert das Lernen wie von selbst«? Beides Quatsch. Das Internet, wie auch Fernsehen oder elektronische Medien überhaupt, sind erst mal tolle Erfindungen, die Spaß und unser Leben um einiges leichter machen und uns Welten eröffnen, zu denen wir sonst keinen Zugang hätten. Oder wüssten wir sonst, wie die Streifen in die Zahnpasta kommen? Könnten wir den Eisbären-Babys in ihrer Höhle täglich beim Größerwerden zuschauen? Oder uns am Samstagabend alle zusammen aufs Sofa kuscheln, um mitzufiebern, wenn potenzielle Wettkönige mit einer Straßenwalze Bierflaschen öffnen? Eben. Lassen Sie sich also nicht von pseudowissenschaftlichen Krawallmachern verunsichern, sondern entscheiden Sie selbst, was und wie viel davon in Ihre Familie passt. Eine Kindheit ganz ohne elektronische Medien ist allerdings weltfremd und führt schnell an den Rand der Peergroup.

Von zwei Dingen wird Ihr Kind langfristig sehr profitieren: Zum einen darf die ganze Elektronik im Kinderalltag nicht das Lesen verdrängen, denn das ist als Kultur- und Lerntechnik unschätzbar wichtig. Internetseiten wie www.antolin.de oder Hörbücher und Filme können also zum Lesen ermuntern, dürfen es aber nicht ersetzen.

Zum anderen können Kinder und auch Jugendliche (!) noch nicht selbst Grenzen setzen. Zu verführerisch ist die unendliche Welt der Bits und Bytes. Das kennen wir ja von uns selbst, wenn wir »nur mal schnell die Mails checken« wollen. Und plötzlich sind zwei Stunden versurft ... Es ist also unsere unangenehme Aufgabe, den Stecker zu ziehen, und unsere angenehme, mit unseren Kindern gemeinsam die schönen Seiten der elektronischen Medien zu entdecken.

Viel Spaß dabei!

Das
richtige
INSTRUMENT
finden

»Geige sollte es sein, unbedingt. Der Papa spielte
sie, der Opa, also war klar: Ich wollte auch. Kleine
Auftritte mit der Musikschule, im Schulorchester
spielen, ach, ich sah mich schon vor applaudieren-
den Erwachsenen fideln! Und was machten meine
Eltern? Sie verboten es mir und blieben hart.
Warum, ist mir heute völlig klar: Ich stamme aus
einer Symphonikerfamilie, und meine Eltern
erkannten schnell, dass ich vom absoluten Gehör
weit entfernt bin. Nein, das hatte keinen Sinn, aber
als Siebenjährige ist das unglaublich schwer ein-
zusehen, glaubt man doch noch, der eigene Wille

könne Berge versetzen. Widerwillig begann ich also, Klavier zu lernen – da war das Tönetreffen nicht schwer. Und ich freundete mich mit der Zeit mit dem großen Kasten wirklich an. Ich spielte 13 Jahre lang und bin meinen Eltern heute unendlich dankbar, dass sie mir quälende, nervtötende Geigenstunden ersparten.«

Kathrin, 36

FÜHRERSCHEIN mit 17

In Großstädten fragen sich viele Jugendliche heute: »Warum soll ich den Führerschein machen? Bus, U-Bahn oder Zug bringen mich doch überallhin.« Und das viele Geld (im Schnitt ca. 1700 Euro) kann man ja wirklich für Schöneres ausgeben, oder? Nein! Mobilität ist und bleibt wichtig, auch für viele Jobs ist die Fahrerlaubnis Voraussetzung. Jedes Stadtkind kann ganz schnell mal zum Praktikum in der Provinz landen. Und als Mittdreißiger in der Fahrschule zwischen kichernden Teenies – das ist kein Spaß mehr.

Auch aus Sicherheitsgründen sollten Sie Ihr Kind zum frühen Führerschein drängen – zumindest Söhne: Fahranfänger, die ein Jahr lang begleitet gefahren sind, hatten auch nach dem 18. Geburtstag knapp ein Fünftel weniger Unfälle. Bei den Mädchen zeigte sich kein Unterschied.

DATENSCHUTZ
für Babys

18

So süß! Das muss eigentlich die ganze Welt sehen, oder? Aber zumindest die Freunde auf Facebook. Nein! Auch für kleine Kinder gilt das Recht am eigenen Bild und das müssen wir in ihrem Sinne verantwortlich wahrnehmen. Facebook zum Beispiel behält sich die Verwendung aller geposteten Dateien vor – weltweit und unentgeltlich. Was das konkret bedeutet, weiß heute noch keiner so genau. Aber vielleicht kann ein Unternehmen in 25 Jahren gegen Bezahlung einen Biografie-Film dieses jetzt so süßen Babys anfordern, bevor es entscheidet, ob es den promovierten Chemiker einstellt? Oder der entzückende, verschmierte Nutella-Mund Ihres Kindergartenkindes macht bald Werbung für das soziale Netzwerk? Das könnte später zu unangenehmen Diskussionen führen. Wenn Ihre ehemals süßen Babys schon selbst entscheiden wollen, welche Bilder sie posten, dann blättern Sie weiter zu Punkt 30.

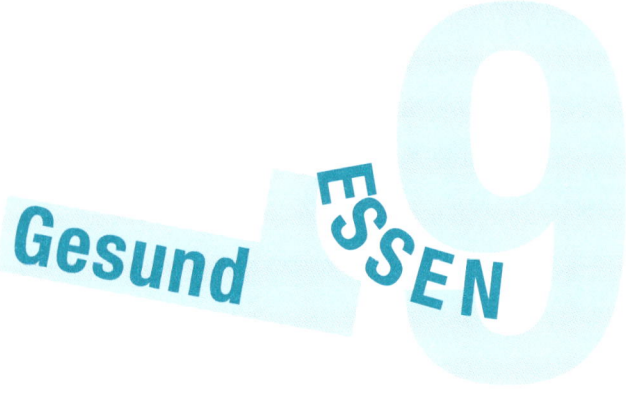

Gesund ESSEN

9

Fünf Tipps von Thomas Ellrott, Chef des Instituts für Ernährungspsychologie an der Uni Göttingen:

1. Bestehen Sie auf einem regelmäßigen Familienessen. Ihre Kinder werden sich später an dieses Ritual gern erinnern.
2. Geben Sie Ihren Kindern zunächst kleinere Portionen auf den Teller. Sie dürfen sich gern nachholen. So lernen sie, ihrem natürlichen Sättigungsgefühl zu folgen.
3. Probieren muss sein, immer wieder. Wer die Speise nicht mag, muss sie dann aber nicht essen.
4. Benutzen Sie Essen nicht zum Trösten oder Belohnen. Dieses Muster kann sich sonst bis ins Erwachsenenleben halten.
5. Ein totales Verbot macht Süßigkeiten nur interessanter. Es sollte ein allgemein zugängliches Depot im Haus geben, aber auch eine Regel dazu, wie zum Beispiel: »Immer vorher fragen!«.

Über
LEHRER
nicht
schlecht
reden

Schule ist einer der letzten nicht verhandelbaren Punkte in einem Kinderleben. Jeder muss da hin, egal, ob er Lust hat oder nicht, und kann sich weder die Klassenkameraden noch die Lehrer aussuchen. Permanent wird man bewertet, muss Leistung bringen. Fragt man deutsche Kinder, wovor sie gerade Angst haben, rangiert auf dem ersten Platz die Schule – kein Wunder. Was können wir da tun? Nicht so viel, ehrlich gesagt. Den Druck nicht noch verstärken, klar. Aber es hilft schon mal, nicht schlecht über die Lehrer der Kinder zu sprechen. Sie fühlen sich ohnehin ohnmächtig im Schulbetrieb; wenn wir ihnen jetzt jeden Abend in Erinnerung rufen, dass »der Mathe-Lehrer doch eh keine Ahnung« hat und die Englisch-Pädagogin »eine blöde Ziege« ist, macht das die Sache nur schlimmer. Denn unsere Kinder müssen ja meist das ganze Schuljahr mit ihnen zurechtkommen. Das heißt übrigens nicht, grundsätzlich auf der Seite des Lehrers zu stehen. Dazu mehr unter Punkt 45.

LOSLASSEN

»Kanada sollte es sein bei unserer Tochter Hanna
vor 16 Jahren nach der 11. Klasse, das französisch-
sprachige Kanada. Es war weit, es war teuer (einige
tausend Mark!), aber wir haben die Zähne zusam-
mengebissen und sie voller Überzeugung gehen
lassen. Was würden wir für ein großes, weltoffenes
Mädchen zurückbekommen nach einem Jahr –
»open minded«, wie die Amerikaner sagen. Haben
wir auch, aber überrascht haben uns doch die
Schwierigkeiten, als sie sich wieder in unserer
Kleinstadt eingewöhnen musste. Alles war ihr jetzt
so eng, so klein, so voll. Aber Hanna hat neben den
Sprachkenntnissen eine große Offenheit und
Selbstständigkeit mitgenommen aus dieser Zeit
und sich ihre Liebe zur Heimat ganz neu erkämpft.
Zu ihrer Gastfamilie hat sie bis heute Kontakt –
gerade waren die Eltern hier bei Hannas Hochzeit.«

Reiner, 71

21

Üben, ÜBEN, üben

22

Rechtschreibung, Einmaleins, Vokabeln – bei solchen Routine-Fertigkeiten hilft nur Pauken. »Automatisieren« nennen das die Fachleute. Und es hilft wirklich, denn es entlastet das Arbeitsgedächtnis, das sich dann um die wirklich schwierigen Aufgaben kümmern kann. Außerdem gibt es Sicherheit, die unsere Kinder in der Schule wirklich brauchen können. Aber dieses Automatisieren können Kinder bis etwa 15 Jahren nicht allein – sie brauchen Eltern als Antreiber, als Abfrager, als Aufgabensteller. Das ist nicht angenehm, für beide Seiten, aber es lohnt sich. »Gelernt ist gelernt« – das gilt dann zumindest bei den Dingen, die wir regelmäßig brauchen, fürs Leben.

Gemeinsam
HELFEN

Kleine Kinder wollen noch die ganze Welt retten, Teenies immerhin noch den Teil, der weit weg von uns liegt. Wir Erwachsenen sind da im Lauf der Zeit abgestumpft – eigentlich schlimm, aber nur so lässt sich unser Luxusleben im Vergleich zum größten Teil der Weltbevölkerung ertragen. Der Versuch, diese Moral einem Kind zu erklären, kann in Teufels Küche führen – mit Jugendlichen können Sie darüber nächtelang diskutieren. Sinnvoller ist es, ein gutes Maß an Wohltätigkeit im Alltag einzuüben: nicht das ganze Taschengeld spenden, aber aus den Flohmarktverkäufen einen Teil abgeben; vielleicht ein Patenkind in der Dritten Welt annehmen oder vor Weihnachten Schuhkartons mit Geschenken für benachteiligte Kinder packen. Das ist übrigens gar nicht so altruistisch: Auf diese Weise können auch wir Eltern wieder erfahren, wie glücklich es macht, anderen zu helfen.

An sich SELBST denken

Nur zufriedene Eltern sind gute Eltern. Deshalb: Leben Sie nicht nur für Ihre Kinder, auch wenn Sie sie über alles lieben! Wenn wir unseren Töchtern und Söhnen vorleben, dass es erlaubt und wichtig ist, auf eigene Bedürfnisse zu achten, ist das auch eine gute Investition für die Zukunft. Schließlich stehen die Chancen dann gut, dass sie selbst zufriedene Eltern werden und wir uns dann über glückliche Enkelkinder freuen dürfen.

BIBELWISSEN

»Meine Mutter, eine einfache Bäuerin, hat mir als Kind die wichtigen biblischen Geschichten erzählt. Sie haben wesentlich zur Bildung meines Urvertrauens beigetragen. Ich fühlte mich von Gott gewollt und daher sicher und beschützt. Obwohl mein Kinderglaube inzwischen längst verloren ist, spüre ich noch immer diese Unerschütterlichkeit und Angstfreiheit in mir. Deshalb, aber auch weil man diese Geschichten einfach kennen muss, habe ich sie auch meinen Kindern erzählt, ihnen aber gesagt, dass sie historisch nicht stimmen. Was aber egal ist. Um diese zentralen Geschichten herum wurde Europa gebaut, eine ganze Kultur. Die versteht nicht, wer diese Geschichten nicht kennt.«

Christian Nürnberger, Autor (u. a. »Stark für das Leben«)

»Wenn ich mittags von der Schule kam, hat meine Mutter immer ...« oder »Weihnachten gab's bei uns jedes Jahr ...« – Sie können diese Sätze sofort vervollständigen? Eben. Rituale sind Ankerpunkte in unseren Erinnerungen, sie schaffen Sicherheit und Struktur in unserem hektischen Alltag. Deshalb müssen wir sie pflegen. Und wir als Eltern schaffen diese Rituale, das ist eine große Verantwortung, weil diese Erinnerungen noch lange nachwirken werden. Das heißt überhaupt nicht, dass wir uns im bürgerlichen Spießertum des »Das machen alle so« suhlen müssen – zum Beispiel pünktlich am 1. Advent einen Kranz aufstellen und am Geburtstagsabend das Lieblingsgericht auftischen. Obwohl Kinder es meist genau so haben wollen. Natürlich können wir unsere eigenen Rituale erfinden: am Morgen des Heiligabend immer in den Zoo gehen, an Geburtstagen ein selbst geschriebenes Gedicht auf den Jubilar vortragen oder am Pfingstmontag eine Radtour machen. Hauptsache, es passt zur Familie und wir halten lange genug durch, damit es ein echtes Ritual wird!

Schöne

Es gibt Angenehmeres, als mit Zweijährigen abendliche Ringkämpfe ums Zähneputzen zu bestreiten oder dem Teenie die Zahnseide aufzudrängen. Aber es lohnt sich: »Studien haben belegt, dass sich eine frühe konsequente Zahnpflege im Erwachsenenalter auszahlt«, sagt Sabine Bertzbach, Vizepräsidentin der Deutschen Gesellschaft für Kinderzahnheilkunde. »Sie ersparen Ihrem Kind damit langfristig Geld und Schmerzen.« Für die Fachfrau heißt das:

- Ab dem ersten Milchzahn zweimal jährlich zum Zahnarzt, auch um sich die richtige Putztechnik zeigen zu lassen.
- Mindestens die Zähne nachputzen, bis das Kind flüssig Schreibschrift kann.
- Professionelle Zahnreinigung (zahlt die gesetzliche Kasse nicht!) bei hohem Kariesrisiko, zum

ZÄHNE

Beispiel bei Zahnwechsel, fester Zahnspange oder behinderten Kindern.

- Wenn die Milcheckzähne im Unterkiefer anfangen zu wackeln, zum Kieferorthopäden gehen, um Fehlstellungen rechtzeitig zu entdecken.
- Natürlich nichts Süßes/Saures ins Fläschchen, später keine Softdrinks oder Smoothies zwischendurch. Die Kombi süß-sauer ist Gift für den Zahnschmelz.

Bei Bedarf sollte die Zahnspange in der Kindheit erledigt werden. Durch das Wachstum geht es da wesentlich schneller, der Freundeskreis teilt das Schicksal des Metall-Verhaus im Mund und ab dem 18. Lebensjahr übernehmen die gesetzlichen Krankenkassen die Kosten grundsätzlich nicht mehr.

Die richtige SCHULE

»Für unseren Sohn war schnell klar: dieses Gymnasium oder keines, und selbstverständlich nur zusammen mit dem besten Freund. Wir Eltern waren uns sicher: jedes Gymnasium, nur nicht dieses – Freund hin oder her. (Wir kannten die Schule von unserem Ältesten und waren wenig begeistert.) Es wurden anstrengende Sommerferien. Abend für Abend trockneten wir Tränen, beschwichtigten Ängste und versuchten zu erklären, was einem Zehnjährigen nicht zu vermitteln war. Unser Deal: Wenn du dich bis Weihnachten nicht eingelebt hast, darfst du wechseln. Von Wechseln war nie wieder die Rede. Unser Sohn, inzwischen 22, fühlte sich an der neuen Schule vom ersten Moment an wohl, hatte bis zum Abitur eine wunderbare Zeit und ist uns für unsere Hartnäckigkeit heute ausgesprochen dankbar.«

Andrea, 54

Den
GEGENPART
geben

»Lass mich in Ruhe!« Im Umdrehen dahingeblafft, gehört dieser Satz zum Standardrepertoire pubertierender Jungen und Mädchen. Dabei meinen sie genau das Gegenteil: »Setz dich mit mir auseinander!« Um ihre Identität, ihre eigenen Werte zu entwickeln, brauchen Jugendliche uns Eltern als Sparringspartner, an dem sie sich reiben können. Kuschelkurs und Anbiederung ist zwar manchmal bequemer, aber schlicht und einfach nicht unser Job! Sondern? Bürgerliche Werte vertreten, den Spießer raushängen lassen. Wer gute Nerven hat, kann auch den Advocatus Diaboli spielen, der grundsätzlich auf der Gegenseite argumentiert, nach dem Motto: »Was interessieren mich die Kleinbauern in Afrika?«, wenn der Sohn über die Allmacht der globalisierten Konzerne lamentiert. Okay, das ist moralisch hart an der Grenze, aber sehen Sie es als Argumentationstraining – für beide Seiten.

Gemeinsam
NETZWERKE
sicher
machen

Nie mehr allein, jederzeit mit der Clique in Kontakt – hätten wir diese Möglichkeit in unserer Jugend gehabt, wir hätten sie genutzt, um jeden Preis! So viel zur Faszination sozialer Netzwerke, der Eltern wenig entgegenzusetzen haben. Schon gar kein generelles Verbot. Aber der Preis kann eben hoch sein, Stichwort »Das Netz vergisst nichts!«. Und da müssen wir als Bedenkenträger vom Dienst hineingrätschen (abgesehen davon, dass wir keine versehentlichen Massen-Facebook-Partys in unserem Garten haben wollen und schon gar keine Fremden mit obskuren Absichten, die sich mit unseren Kindern »befreunden« wollen). Also das Kind lieber gemeinsam anmelden, über Verhaltensregeln sprechen und die Privatsphäre-

Einstellungen so hoch wie möglich setzen. Ab 13 Jahren darf man sich offiziell auf Facebook anmelden; die EU-Initiative klicksafe hat einige gute Erklär-Module zusammengestellt, wie man das Konto möglichst sicher macht: www.bit.ly/facebook-sicher.

Die Chat-App WhatsApp für Smartphones ist laut AGB erst ab 16 Jahren erlaubt, das spielt aber in der Realität keine Rolle. Hier kann der Nutzer keine besonderen Sicherheitsvorkehrungen einstellen, kommuniziert aber nur mit den Kontakten im eigenen Telefonbuch, die auch die App installiert haben. Die gemeinnützige Webseite »Handysektor« hat hier Infos rund um WhatsApp zusammengestellt: www.bit.ly/handysektor.

ESSEN
machen

Nein, nicht regelmäßig etwas Warmes, möglichst abwechslungs- und nährstoffreich, auf den Tisch bringen, sondern etwas Essbares herstellen. Gemeinsam Gurken, Tomaten, Paprika oder Zucchini aus Samen heranzüchten, pflegen, ernten und kochen. Auch wenn Ihr Kind das Gemüse hinterher gewohnheitsmäßig verschmäht, weiß es dann immerhin, dass das weder in der Tiefkühltruhe noch in der Supermarkttheke wächst. Ebenfalls super: Brotbackmischungen, mit denen auch Normalo-Eltern einen ordentlichen Laib hinkriegen. Wenn Sie lieber selbst Joghurt herstellen – wunderbar. Es geht um die Erfahrung, wie lang und manchmal mühsam der Weg ist, bis das Essen bei uns auf dem Tisch steht und welchen Respekt Lebensmittel deshalb verdienen.

Nur
ICH!

»Mit meinem Papa allein eine Woche auf La Palma zum Wandern, mit meiner Mama auf Städtereise in Berlin, auf Rad- oder Kanutour – aber ohne meine Geschwister. Das sind mit meine schönsten Kindheitserinnerungen. Endlich Zeit für mich ohne die Kleinen, richtig erwachsene Gespräche und meine Eltern als ganz normale, auch unperfekte Menschen. Solche Momente von Nähe wären im Alltag einfach nicht möglich gewesen. Diese Erfahrung war sehr wichtig für mich auf meinem Weg zum Erwachsenwerden und ich glaube, dass ich auch deshalb ein ganz besonderes Verhältnis zu meinen Eltern habe. Auch jetzt noch, viele Jahre später, reden wir oft über diese Auszeiten – etwa als mich meine Mutter alleine in Boston beim Studium besuchte und wir – Achtung, Klischee! – mit Rotwein aus dem Zahnputzbecher kichernd im Hotel saßen und sie aus ihrer Jugendzeit erzählt hat.«

Svenja, 27

32

PROST,
mein Kind!

Herr Doktor, mit dem Kind Alkohol trinken – das ist doch Wahnsinn!

Johannes Lindenmeyer: Nein, gar nicht. Halten Sie Ihr Kind von Alkohol fern, solange es geht, denn der ist für die jugendliche Hirnentwicklung definitiv schädlich. Aber wenn es so weit ist, bieten Sie ihm ein Glas Wein, Bier oder Sekt an – nur eins! Dann kann es zu Hause im geschützten Raum ausprobieren, welche Wirkung der Alkohol hat und wie man sich unter seinem Einfluss fühlt. Das tun Sie natürlich nicht regelmäßig, sondern zu besonderen Anlässen, wie zum Beispiel an Silvester oder während einer Familienfeier.

Und wann ist der richtige Zeitpunkt dafür?

Oft mit 13 oder 14, wenn die Jugendlichen anfangen, interessiert nachzufragen, oder von Besäufnissen anderer erzählen. Dann sollte man klarmachen: Wenn du das probieren willst, dann bitte hier zu Hause!

Aber ohne Regeln geht's trotzdem nicht, oder?

Nein. Sie sollten deutlich sagen, dass Sie Besäufnisse nicht akzeptieren, dass Schnaps und ähnlich harter Alkohol vor dem 18. Geburtstag tabu sind und die Kids nie zu Angetrunkenen ins Auto steigen sollen. Für Mädchen gilt außerdem die alte Regel: Trinke höchstens halb so viel wie der Junge neben dir!

Johannes Lindenmeyer ist Psychotherapeut und Direktor der auf Sucht spezialisierten salus klinik in Lindow. Sein Buch »Auch Trinken will gelernt sein. Wie Sie Ihr Kind beim richtigen Umgang mit Alkohol begleiten« ist 2014 im Beltz Verlag erschienen.

34

NACHHILFE
zahlen

Irgendwann geht es nicht mehr. Wenn Sie sich am Küchentisch mit Ihrem Sohn über Mathe-Aufgaben nur noch zoffen oder Ihre Tochter genervt aufstöhnt, sobald sie ein L hört, auch wenn dahinter gar kein »atein« kommt, dann ist es Zeit, professionelle Hilfe zu suchen. Wenn Sie es sich leisten können, engagieren Sie einen Nachhilfelehrer.
Ihr Kind wird sich zu Hause nicht mehr permanent unter Leistungsdruck fühlen, Sie müssen zumindest in Schulfragen nicht ständig den Dompteur geben. Konfliktherde gibt es ohnehin genug in der Pubertät.

Gemeinsam
TRAUERN

»Ein gesunder Umgang mit Trauer und Tod wird Kindern heute beinahe aberzogen. Dabei ist der Tod ein Teil des Lebens. Beerdigungen sind unser Abschiedsritual, also nehmen Sie Ihre Kinder mit! Solche Rituale helfen beim Bewältigen der Trauer, denn sie signalisieren: Du bist nicht allein, andere fühlen mit dir. Und gehen Sie bitte nicht in den Keller zum Weinen, verstecken Sie Ihre Trauer nicht. Kinder verkraften das sehr wohl – wir Erwachsenen trauen ihnen das nur nicht zu.«

Diakon Tobias Rilling, Zentrum für trauernde Kinder der Johanniter-Unfall-Hilfe München

VERTRAUEN
schenken

»Unverantwortlich, hirnrissig, gefährlich! Das mussten sich meine Eltern anhören, weil sie ihrer elf Jahre alten Tochter ein junges Pferd kauften. Noch dazu ein ungerittenes Vollblut – angeblich ein Himmelfahrtskommando.

Aber Farih sollte damals verkauft werden, und es musste schnell eine Entscheidung her. Ein denkbar ungünstiger Zeitpunkt: Meine große Schwester, damals 18, hatte ihr Turnierpferd gerade verkauft: Bei ihr war es die typische Mädchen-Pferd-Geschichte, die mit großer Liebe beginnt und schließlich endet, weil Jungs, Freunde und Partys doch viel spannender sind.

Meine Eltern haben Farih trotzdem gekauft. Sie waren sensibel genug zu erkennen, dass ihre Töchter in manchen Punkten eben doch ganz verschieden sind, dass meine Welt an diesem Tier hing. Ich habe Farih selbst ausgebildet, wir wurden unzertrennlich. Die Kritiker verstummten, und das Pferd wurde zu einem echten Familienmitglied. Kein Junge, kein Hobby, keine Pubertätsprobleme waren je wichtiger als er.

Vor zwei Jahren musste Farih eingeschläfert werden. Wir hatten 14 wunderbare Jahre zusammen – die ich dem Vertrauen meiner Eltern in ihr kleines Mädchen zu verdanken habe.«

Nina, 27

Sanfte
MEDIZIN

Der Kopf schmerzt, der Bauch tut weh – und nachts die Knie erst! So ein Kinderleben ist auch nicht einfach ... Wer aber als junger Mensch erfahren hat, dass auch Pfefferminzöl auf Stirn und Nacken oder die Wärmflasche auf dem Bauch helfen kann, der wird als Erwachsener nicht sofort zur Tablette greifen. Das heißt nicht, dass wir die Beschwerden nicht ernst nehmen sollen (siehe Punkt 40), vor allem, wenn sie immer wieder kommen. Auch nicht, dass wir unsere Kinder unnötig leiden lassen, aber ein »Wir versuchen es erst mal mit ...«, verbunden mit einer Portion Zuwendung, hilft oft schon Wunder!

TIPPEN
lernen

Wer mit zehn Fingern schreiben kann, ist besser dran in der digitalen Welt. Und sei es nur, um schneller chatten zu können. Zahlen Sie ganz altmodisch den Volkshochschulkurs oder loben Sie einen Preis aus und setzen Sie Ihr Kind zu Hause vor den Computer: kostenlose Programme unter www.tipp10.de oder www.maschinenschreibenlernen.de

Mal
SCHWEIGEN

»Ah, du bist doch die begeisterte Balletttänzerin, von der Leo immer erzählt« – nein, das war die Angebetete vor drei Wochen ... Peinlich sind ab einem gewissen Kinderalter sowieso alle Eltern, aber es gibt ganz furchtbar peinliche und etwas weniger peinliche. Wenn Sie zu letzteren gehören wollen (und Ihr Kind würde das sicher wollen!), dann heißt es: Im richtigen Moment lieber die Klappe halten!

Beschwerden ERNST nehmen

»Ach, das vergeht schon wieder ...« – wie oft sagen wir das beruhigend zu unseren Kindern und uns selbst und meistens haben wir ja recht. Aber nicht immer. Manche Beschwerden können durch Ignorieren chronisch werden. Jeder dritte Erstklässler in Deutschland hat beispielsweise dauerhaft Schlafprobleme. Das hat die Kölner Kinderschlafstudie gezeigt, die größte Untersuchung dieser Art. Interessantes Randergebnis: Die Eltern berichten von weit weniger Schlafproblemen ihrer Kinder als diese selbst; sie bekommen offenbar vieles nicht mit. Damit steigt aber die Gefahr, die Schlafstörung bis ins Erwachsenenalter mitzunehmen.

»20 bis 30 Prozent aller Erwachsenen haben dauerhaft Ein- und Durchschlafschwierigkeiten, und es ist unsere Aufgabe, das rechtzeitig zu verhindern«, sagt zum Beispiel Bernhard Schlüter, Oberarzt an der Kinderklinik Datteln, die seit

mehr als 20 Jahren ein spezielles Kinderschlaf-
labor betreibt. Dort muss natürlich nicht jedes
Kind hin, oft reicht es schon, ein Schlaftagebuch
über ein paar Wochen zu führen und eventuell
zu lange Schlafenszeiten anzupassen. Eine gute
Broschüre dazu hält die Deutsche Gesellschaft
für Schlafmedizin zum Download bereit unter
www.bit.ly/schlafproblem.

Ebenso verhält es sich mit Kopfschmerzen. Sie
betreffen 15 Prozent aller Kinder zwischen acht und
16 Jahren regelmäßig; fünf Prozent haben Migräne.
Und etwa die Hälfte der Kopfschmerzkinder
nimmt ihre Beschwerden mit ins Erwachsenenalter, wenn sie nicht rechtzeitig lernen, mit ihrer Ver-
anlagung umzugehen. Also nicht abwarten und
hoffen, sondern handeln: Einen guten Einstieg
dafür bietet zum Beispiel das Buch *Kopfschmerzkinder* von der Schmerztherapeutin Hanne Seemann.

Eine BIBLIOTHEKs-Initiation feiern

4

Lesen können ist toll, keine Frage. Noch toller ist das Gefühl, endlich zu den großen Menschen zu gehören, die immer wissen, was los ist – weil sie eben Buchstaben entziffern können. Dieses Gefühl können Sie mit einer feierlichen Bibliotheks-Einführung potenzieren – vielleicht mit Urkunde? Auf jeden Fall aber mit der Überreichung eines eigenen Ausweises und anschließendem Eis-Gelage! Kurzfristig ein Riesenspaß, langfristig die Anbahnung einer hoffentlich lebenslangen Liebe zum Lesen. Wer in seiner Kindheit die Riesen-Welt der (kostenlosen) Bücher kennengelernt hat, wird auch als Erwachsener wieder dorthin finden. Selbst kleine Lesemuffel finden in einer Bibliothek Hörspiele, Filme, Brett- und PC-Spiele – und vielleicht bei Gelegenheit auch das ein oder andere Buch.

Ein REZEPT für alle Fälle

»Ich habe österreichische Eltern, Wiener. Die sind
bekannt für ihre grandiosen Mehlspeisen: Sacher-
torte, Esterhazyschnitten, Eismarillenknödel,
Kaiserschmarrn ... Dummerweise bin ich in der
Küche gänzlich unbegabt, aber meine Mama hat
trotzdem darauf bestanden, dass ich ein paar Alt-
wiener Mehlspeisenrezepte von meiner Oma lerne.
Eines davon, in Deutschland fast völlig unbekannt,
ist der »Mohr im Hemd« – eine Art Mischung aus
Pudding und Kuchen mit reichlich Schokolade
und unglaublich vielen Eiern. Das ist der »Mohr«.
Serviert wird das Ganze mit frischer Schlagsahne,
das ist das »weiße Hemd«. Das Ganze ist eher auf-

wendig, man braucht zum Beispiel eine spezielle Kochform, aber es gibt nichts Besseres zum Nachtisch. Ich habe mich jedenfalls mit diesem Dessert in die Herzen etlicher Schwiegereltern in spe gekocht. Der Opa meines Freundes verlangt noch heute zu jedem Weihnachtsfest nach seinem »Mohr«. Gratis zum Dessert gibt es dann auch immer gleich reichlich Gesprächsstoff über Wien, Herkunft und Kultur. Hat jedes Mal bestens funktioniert. Und nach dem Dessert verzeiht man mir dann sogar, dass ich nicht auf Knopfdruck Dialekt sprechen mag wie ein Äffchen.«

Jessica, 28

Über
KÖRPER**BILDER**
sprechen

Irgendwann kommt dieser Moment im Badezimmer: »Mami, warum sitzt dein Busen nicht da oben wie der von der Barbie?« oder »Papi, wieso hast du nicht so Rillen im Bauch wie der Schweinsteiger?« – Vielen Dank auch! Dafür haben wir diese Brut jahrelang gepäppelt, damit sie uns jetzt solche Fragen stellt, die Werbung und Medien ohnehin fest in unser Unterbewusstsein gebohrt haben.

Ja, warum eigentlich nicht? Weil wir normale Menschen sind, weder junge Profisportler noch Topmodels und schon gar keine Plastikpuppen. Im Moment sieht es so aus, als wären wir die letzte Generation, die in der Mehrheit noch unoperiert und -optimiert durchs Leben gehen darf. Was heißt das für unsere Kinder? Wir müssen mit ihnen immer wieder über den Unterschied zwischen Sein und Schein, zwischen normalem Leben und Photoshop sprechen. Über Silikonbrüste, geliftete Pobacken und weggespritzte Falten. Zum einen, damit ihnen klar ist, dass ihr Körper nicht diesen Fantasiebildern entsprechen muss. Zum anderen, damit ihnen klar ist, was sie erwarten können, wenn sie das erste Mal einem geliebten Menschen nackt gegenüberstehen. Fragen wie oben wären dann eher ein Stimmungskiller. Gut, dass wir sie schon mal besprochen haben.

FEILSCHEN
lernen

Eltern sind oft furchtbar peinlich – ganz besonders
aber auf dem Flohmarkt. Mit fremden Menschen um
einen Preis feilschen! Ganz schlimm! Da gibt die
Tochter das »Magische Baumhaus«-Buch lieber für
50 Cent her; und der Sohn zückt einen Stand weiter
schon den Geldbeutel und quengelt die Mutter an:
»Mami, 23 Euro sind schon okay für den Lego Jedi
Starfighter!« Kommt gar nicht infrage. Feilschen
macht nicht nur Spaß, sondern fit fürs Leben.
Und auf dem Flohmarkt kann man das im Kleinen
wunderbar üben. Spätestens beim ersten Autokauf
werden unsere Kinder sich daran erinnern.

Für
Ihr
Kind
EINSTEHEN

Lehrer und Erzieher, Kieferorthopäden und Fußball-trainer, Friseure, Ladenbesitzer und der alte Mann im Bus auf dem Sitz gegenüber – alle haben etwas an Ihrem Kind herumzumeckern. Es sitzt nicht still genug, trägt die Zahnspange nicht Tag und Nacht, hat heute schon wieder die Lea von der Schaukel geschubst ... Und Sie? Müssen sich manchmal ent-schuldigen, ja, aber nicht grundsätzlich und für alles. Sie dürfen für Ihr Kind und seine Interessen einste-hen, Sie sind sein absolut parteiischer Anwalt. Lassen Sie sich bitte nicht von dem ganzen Gerede um über-behütende »Helikopter-Eltern« verrückt machen, sondern folgen Sie Ihrem Bauchgefühl. Ihr Kind lernt dadurch zweierlei fürs Leben: zum einen, dass man seine Interessen vertreten darf, sich nicht alles gefallen lassen muss. Zum anderen, dass Sie im Zweifelsfall hinter ihm stehen. Dieses Gefühl von Sicherheit wird es sein ganzes Leben lang tragen.

KEINE
Schubladen
aufmachen

Ein ganz schwieriges Thema. Wir stecken nämlich
selbst drin, in diesen Männer- und Frauen-Schub-
laden, von klein auf schon. Denn wir lernten sprechen, als unverheiratete Frauen noch Fräulein
hießen. Wir kamen von der Schule nach Hause,
als »gute« Mamas in der Regel noch daheim
mit dem Mittagessen warteten und die Papas am
Wochenende das Auto wuschen. Wir spielten
mit »braven Mädchen« und »tapferen Jungen«.
Eigentlich ist das Leben heute viel freier, für beide
Geschlechter. Eigentlich, denn noch bevor der
Babybauch sich richtig rundet, sammeln sich schon
rosa oder blaue Accessoires im zukünftigen Kinderzimmer. Wer eine Kinderkleider-Abteilung betritt,
hat ab Größe 56 die Wahl zwischen Mädchen-
und Jungen-Seite. Nicht einfach hübsche Klamot-

ten für Kinder, sondern Rosa-Glitzer-Fummel oder Coole-Star-Wars-Outfits. Bevor das hier zur allgemeinen Gesellschaftskritik ausartet: So ist das nun mal, und vieles an den Unterschieden zwischen Männern und Frauen macht ja auch Spaß.

Was also ist unser Job dabei? Unsere Kinder vor den Schubladen zu bewahren, wird nicht ganz funktionieren, aber wir können sie immer wieder herausholen aus den Klischees und ihnen ungewohnte, andere Spielsachen, Hobbys, Bücher anbieten. Und wir können ihnen zeigen, dass ihnen die Welt offensteht, jenseits aller Geschlechter-Vorurteile: Leo, du willst Grundschullehrer werden? Wunderbar. Marie, du möchtest als Astronautin in den Weltraum fliegen? Klasse! Und schaut her: Auch Mama kann den Fahrradsattel höherstellen und Papa das Hemd bügeln.

Keine
Angst
vor
REPARATUREN!

»Seit ich denken kann, hat mein Vater an irgendetwas herumgeschraubt – besonders gern an Unfallautos, die er wieder fahrtüchtig gemacht hat. Ich kann mich nicht erinnern, dass jemals ein Handwerker für eine Reparatur in unser Haus kam, das hat alles mein Papa gemacht. Auch wir Kinder durften ran: Wenn die Kette vom Fahrrad gesprungen war, hat mein Vater mir gezeigt, wie sie wieder befestigt wurde – dann war ich an der Reihe. Er hat aus diesen ganzen Reparaturen eher ein Spiel gemacht, wir fanden das großartig! Heute merke ich, dass ich dabei unheimlich viel gelernt habe. Wie man systematisch die Ursache eines Fehlers findet, strategisch sinnvoll ein Gerät aus- einanderschraubt zum Beispiel. ›Mehr als kaputtgehen kann es nicht!‹, war sein Standardsatz. Er hat uns wirklich die Angst vor dem Reparieren genommen, schon allein, weil er wollte, dass seine Töchter nie von anderen abhängig sind. Heute repariere ich mein Fahrrad, habe schon Waschmaschinen aufgeschraubt, Abflussrohre und Armaturen ausgetauscht. Letzten Sommer dann mein – nein, nicht ganz: – unser Meis- terstück. Mit meinem Vater habe ich ein Waschbecken in meiner neuen Wohnung ersetzt. ›Nix gesagt ist genug gelobt!‹, sagt er in so einem Fall. Finde ich nicht: Danke, Papa!«

Anke, 32

Über
LIEBE und SEX
sprechen –

oder
lieber
nicht

Im Idealfall funktioniert Aufklärung ab dem Kleinkindalter so nebenbei: Was hast du da unten? Wie kommen Babys in den Bauch und wieder heraus? Und so weiter. Bevor die Schule zuschlägt, etwa in der 4. Klasse, sollten Sie noch ein paar Details nachliefern, aber bitte nicht viel mehr, als das Kind wissen will. Und spätestens ab der Pubertät will es von Ihnen dazu wahrscheinlich gar nichts mehr wissen. Weiß aber noch nicht so richtig viel, fürchtet man als Mutter oder Vater. Was tun? Google und YouPorn das Feld überlassen? Nein, nicht kampflos. Legen Sie das ein oder andere Buch nebenbei ins Kinderzimmer. Ihr Kind wird froh sein, dass es um das unangenehme Thema herumgekommen ist. Sie vielleicht auch. Gute Beispiele:

Was Jungs wissen wollen: Das Jungenfragebuch und *Was Mädchen wissen wollen: Das Mädchenfragebuch*, Ravensburger, ab elf Jahren

Wenn Sie selbst noch weiterlesen wollen: *Von wegen aufgeklärt! Sexualität bei Kindern und Jugendlichen* von Jan-Uwe Rogge, Rowohlt-Taschenbuch

Lügen
und
LÜGEN
unterscheiden

»Du sollst nicht lügen!« – das achte Gebot begegnet einem Kind schon sehr bald im Leben. Und am Anfang ist es tatsächlich ein absolutes Ge- oder besser Verbot in der Erziehung: »Wer hat die Wand vollgeschmiert?«, »Wart ihr wieder auf dem Garagendach?« – Du sollst nicht lügen! Punkt. Aus.

Später wird es komplizierter. Kinder merken, dass wir Erwachsenen offenbar schon manchmal lügen dürfen (»Nein, leider können wir euch nicht besuchen kommen am Wochenende, wir haben Putzdienst im Kindergarten ...«) und dass man mit der Wahrheit oft Menschen verletzt. Die kleinen Alltagsflunkereien fungieren als praktisches gesellschaftliches Schmiermittel, sie machen unser Leben leichter. Aber wo verläuft die Grenze zwischen Höflichkeitsfloskel und Notlüge auf der einen Seite und Lug und Trug auf der anderen?

Das rührt an ganz grundsätzliche Moralvorstellungen und die lernt man nicht in theoretischen Vorträgen, sondern wie so oft durch Vorbilder. Das bedeutet nicht, dass Sie wie ein Moralapostel durchs Leben gehen müssen, aber Sie sollten das Thema Lügen ab und zu an Beispielen besprechen. Und gerade in der Pubertät, wenn Ihnen Ihr Kind oft so schmerzhaft geradeheraus ins Gesicht lügt, können Sie den universellen Schlaumeier-Satz aller Erziehungsnotstände herauskramen: »Das ist etwas anderes!« Denn darum geht es: dem Kind die Grenze zur echten Lüge aufzeigen. Statistisch gesehen lügen übrigens Zwölfjährige am meisten. Mit 16 nehmen es die meisten Jugendlichen wieder genauer mit der Wahrheit.

50

Erste-Hilfe-

Bibel

Wenn Ihr Kind auszieht, wird es hoffentlich schon mal eine Spülmaschine ausgeräumt und ein Bett bezogen haben. Das reicht noch nicht ganz, um unfallfrei durchs Leben zu kommen. Ganz egoistisch könnten Sie jetzt sagen: »Sollen sie uns doch anrufen, wenn sie nicht weiterkommen!« Netter ist es, dem Kind (ja, das heißt immer noch so, auch wenn es inzwischen zwei Köpfe größer ist als Mama) ein Büchlein zu basteln mit den wichtigsten Überlebenstipps für die Fremde: Wie entfernt man Kaugummiflecken? Wie geht das Rezept deiner Lieblings-Kartoffelsuppe? Wie ändert man einen Freistellungsauftrag bei der Bank? Wo kontrolliert man im Auto Wasser- und Ölstand? Kann man heute fast alles googeln, ja, aber wie viel schöner ist es, das als Schritt-für-Schritt-Anleitung, vielleicht garniert mit Fotos oder Zeichnungen, in Mamas oder Papas Handschrift zu lesen: ein Stückchen Heimat zwischen zwei Buchdeckeln. Und wenn Sie Glück haben, kommt dann erst recht der Anruf: »Gerade habe ich an euch gedacht. Ich muss euch unbedingt mal wieder besuchen!«

ZUM SCHLUSS NOCH DREI DINGE, FÜR DIE

SIE
SICH
SELBST

EINMAL

DANKBAR

SEIN
WERDEN

NACHSICHT
üben

1

Schon wieder liegen die Schuhe im Flur und leere Flaschen unter dem Sofa, wird der Pudding auf dem Tisch verteilt, ist das Kind nicht pünktlich zu Hause ... Es gibt jeden Tag zig Gründe, sich über seine Kinder aufzuregen. Hört das denn nie auf? Doch, das tut es. Es sind vielleicht nur noch zehn, neun, acht ... Jahre, die Ihr Kind bei Ihnen zu Hause wohnt. Und die rasen vorbei wie die bisherigen, seit Sie Eltern geworden sind. Haben Sie nicht erst gestern versucht, die ersten Neugeborenen-Windeln anzulegen? Nein, aber so fühlt es sich an, oder? Der Gedanke, dass unsere Haupt-Elternzeit begrenzt ist, relativiert viele Schrecklichkeiten des Zusammenlebens. Das muss man sich kurz vor dem Losbrüllen natürlich immer wieder sagen, nicht umsonst heißt es ja: Nachsicht *üben*.

ZEIT
für
uns

2

Der Klassiker-Tipp, den mittlerweile keine Hebamme im Geburtsvorbereitungskurs mehr vergisst – wir Eltern leider manchmal schon: Zeit für die Partnerschaft reservieren. Natürlich: Man ist müde, die Kinder mögen es nicht, es kostet in der Regel Geld, aber es ist eine gute Investition in die Zukunft. Ihr Kind lebt vielleicht 20 Jahre bei Ihnen. Bleiben noch 40 bis 50 Jahre, die Sie dann gern allein mit Ihrem Ehepartner verbringen möchten. Dafür muss der aber noch da sein. Also: Spätestens ab dem Abstillen können ein Babysitter oder die Großeltern einspringen. Und die Eltern verschwinden – für eine Radtour, einen Kinoabend, ein Wanderwochenende oder einen Saunatag. Das muss nicht jede Woche sein, aber doch regelmäßig. Ein fester Termin für uns!

Konsequenz ist oberste Elternpflicht. Sinnvolle Regeln aufstellen und sie dann zuverlässig durchsetzen – das gibt den Kindern Halt und dem Zusammenleben Struktur. Kommt Ihnen bekannt vor? Kein Wunder, das steht in jedem Erziehungsberater. Aber es ist so anstrengend! Deshalb: Gönnen Sie sich ab und zu

Mal WEGmal eine Pause vom Erziehen – ein bewusstes Wegschauen, wenn ein Schokoriegel aus der Süßigkeitenkiste fehlt, ein überhörtes böses F-Wort. Sie müssen gar nicht reagieren, denn Sie haben davon nichts mitbekommen! Das ist kein Konzept für 20 Kinderjahre, aber für einen entspannten Nachmittag allemal.

SCHAUEN

DANK

Ich danke den vielen Menschen, die mir für dieses Buch ihre Erinnerungen und Fachkenntnisse anvertraut haben, und meinen Eltern – für mehr als 50 Dinge.

DIE AUTORIN

IRIS RÖLL, geb. 1970, war viele Jahre in den Redaktionen von *Focus* und *Focus Schule* tätig. Heute arbeitet die in München lebende Mutter zweier Kinder als freiberufliche Journalistin und Redakteurin für verschiedene Medien.

© Daniel Hintersteiner